Ulrike Rylance • Karolin Prz

Pia sucht eine Freundin

Pia Finds a Friend

Edition bi:libri

Pia guckt durch den Gartenzaun.
Da drüben spielt ihr Nachbar Timmy
mit seinem besten Freund.
Die Jungs bauen ein Zelt auf.
Sie hüpfen auf dem Trampolin
und spielen Ritter.
Dazu kämpfen sie
mit langen Stöcken.

Pia peeks through the fence.
On the other side,
her neighbor Timmy is playing
with his best friend.
The boys pitch a tent.
They jump on the trampoline
and pretend to be knights,
battling with long sticks.

„Gewonnen!", ruft Timmy.
Pia seufzt.
Alleine spielen ist so langweilig.
Sie hätte auch gern eine Freundin.
Sie würde auch gern
auf einem Trampolin hopsen.
Zur Not würde sie auch
mit langen Stöcken kämpfen!

"I win!" shouts Timmy.

Pia sighs.

It's no fun playing by yourself.

She wishes she had a friend.

She'd love to jump on a trampoline.

She'd even battle with long sticks

if she had to!

„Such dir doch eine nette Freundin
aus deiner Klasse",
sagt Papa beim Abendessen zu Pia.
„Genau. Frag einfach ein Mädchen,
ob sie mit dir spielen will",
fügt Mama hinzu.
„Was denn?",
fragt Pia unglücklich.
„Und woher weiß ich,
ob sie auch eine richtige Freundin ist?"

"Look for a nice friend in your class,"
says Dad to Pia at dinner.
"That's right, just ask one of the girls
if she wants to play with you," adds Mom.
"Play what?" asks Pia unhappily.
"And how do I know
if she'll be a real friend?"

„Ihr könntet am Computer
Monster jagen",
schlägt Julius vor.
Julius ist Pias großer Bruder.
„Oder Weitspucken machen.
Oder Schwertkampf!"
Er fuchtelt wild mit seiner Gabel
und stößt dabei die Limonade um.

"You could hunt monsters
on the computer together,"
suggests Julius.
Julius is Pia's big brother.
"Or see who can spit the farthest.
Or have a sword fight!"
He waves his fork around wildly
and knocks over his soda pop.

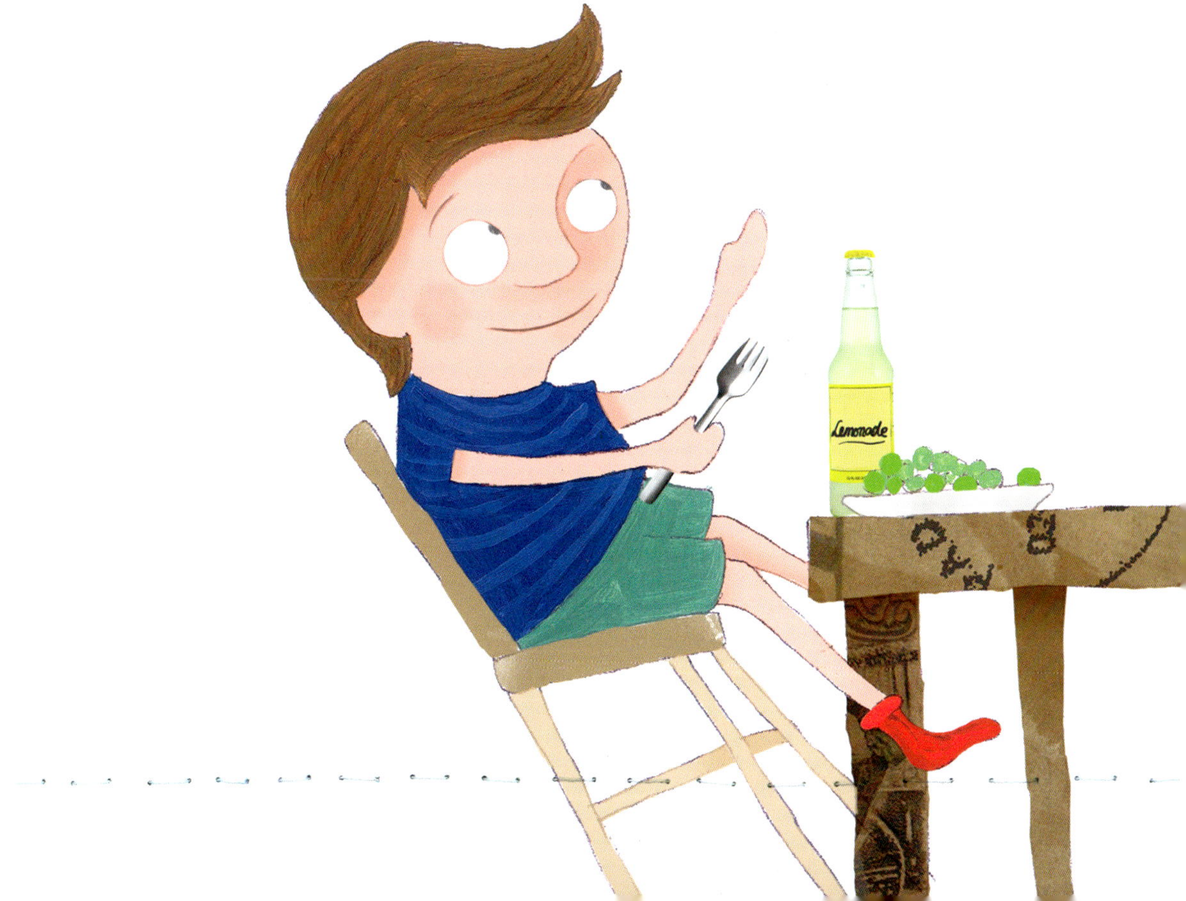
Lemonade

„Dir fällt schon was ein",
sagt Mama schnell
und fängt die Limonade
in letzter Sekunde auf.
„Und ob es eine richtige Freundin ist,
das merkst du von selbst."
Und tatsächlich –
in diesem Moment
hat Pia eine tolle Idee,
was sie spielen könnten!

"You'll think of something,"
says Mom quickly,
catching the soda pop
at the last second.
"And whether or not she's a real friend:
you'll see that for yourself."
And in fact, at that very moment,
Pia thinks of the perfect thing
that they could play together!

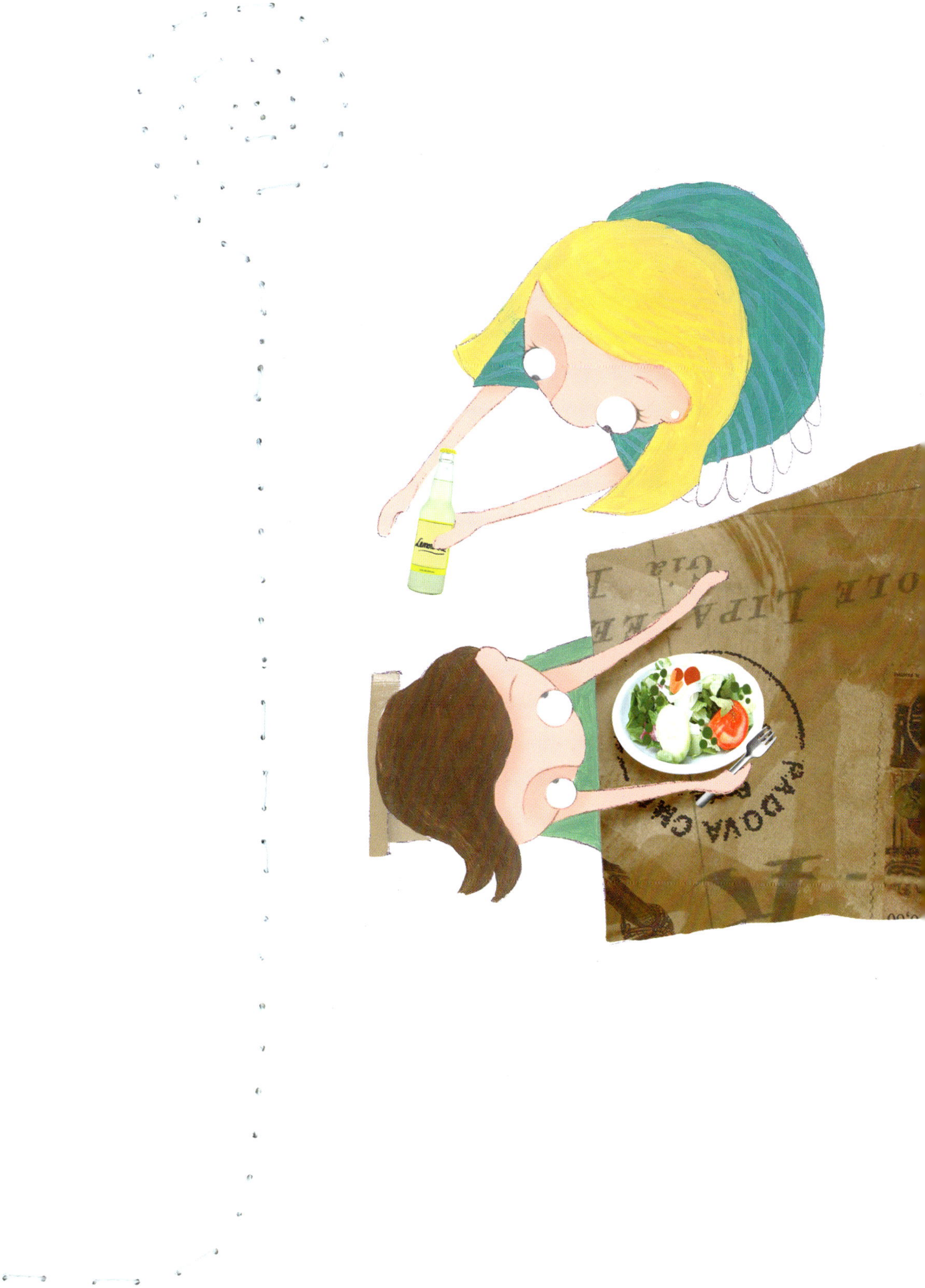

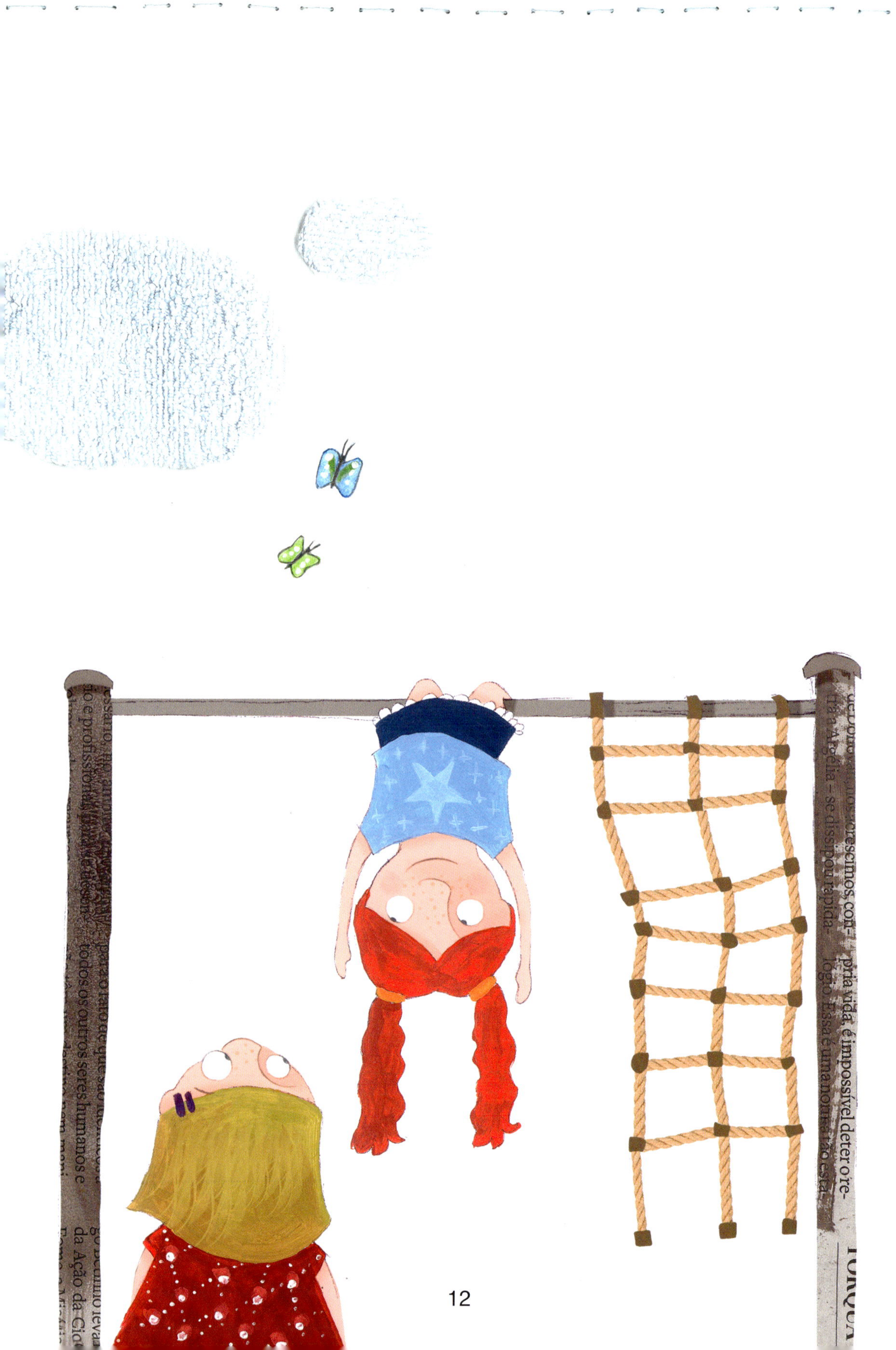

Deshalb geht sie gleich am nächsten Tag
in der großen Pause zu Rosi aus ihrer Klasse.
Die steht auch alleine auf dem Schulhof.
„Hast du Lust mit mir zu spielen?", fragt Pia.
„Wir könnten …"
„Nur, wenn ich die Bestimmerin sein darf",
unterbricht Rosi sie.
„Und ich will die Prinzessin sein.
Du bist die Dienerin.
Du musst mir einen Blumenstrauß pflücken."

So the next day in the long recess,
she goes straight over to Rosie from her class.
Rosie is standing alone on the playground, too.
"Do you want to play with me?" asks Pia.
"We could…"
"Only if I get to be the leader,"
Rosie interrupts.
"And I want to be the princess.
You are the servant.
You have to pick me a bunch of flowers."

Pia pflückt lustlos ein paar grüne Blätter.
Sie pieken ein bisschen. Aber nicht sehr,
und sie drückt sie Rosi in die Hand.
„Aua!", ruft Rosi und fängt an zu heulen.
„Die tun weh, du bist gemein!
Das sag ich Frau Waldmann!
Du darfst nicht mehr Dienerin sein!"
„Will ich auch gar nicht",
sagt Pia und geht weg.
„Komm zurück!"
Rosi stampft mit dem Fuß auf.
„Ich bin die Bestimmerin!
Du kannst nicht einfach gehen!"

Pia halfheartedly picks a couple of green leaves.
They are a little prickly, but not too bad,
and she presses them into Rosie's hand.
"Ouch!" Rosie yells and she starts to cry.
"They hurt! You're mean!
I'm telling Miss Waldmann!
You don't get to be the servant anymore!"
"I don't want to anyway," says Pia
and she walks away.
"Come back here!"
Rosie stamps her foot.
"I'm the leader!
You can't just leave!"

Aber Pia geht lieber zu den Jungs.
Die wollen bestimmt nicht Prinzessin sein.
„Habt ihr Lust, mit mir zu spielen?", fragt Pia.
„Wir könnten ..."
„Du musst erst die Mutprobe bestehen",
unterbricht Jonas sie.
„Sonst darfst du nicht mitmachen.
Du musst auf den Baum hier klettern
und von dort oben runterspringen."
Pia guckt erschrocken nach oben.
Der Baum ist so hoch!
Was für eine blöde Mutprobe.

But Pia tries her luck with the boys instead.

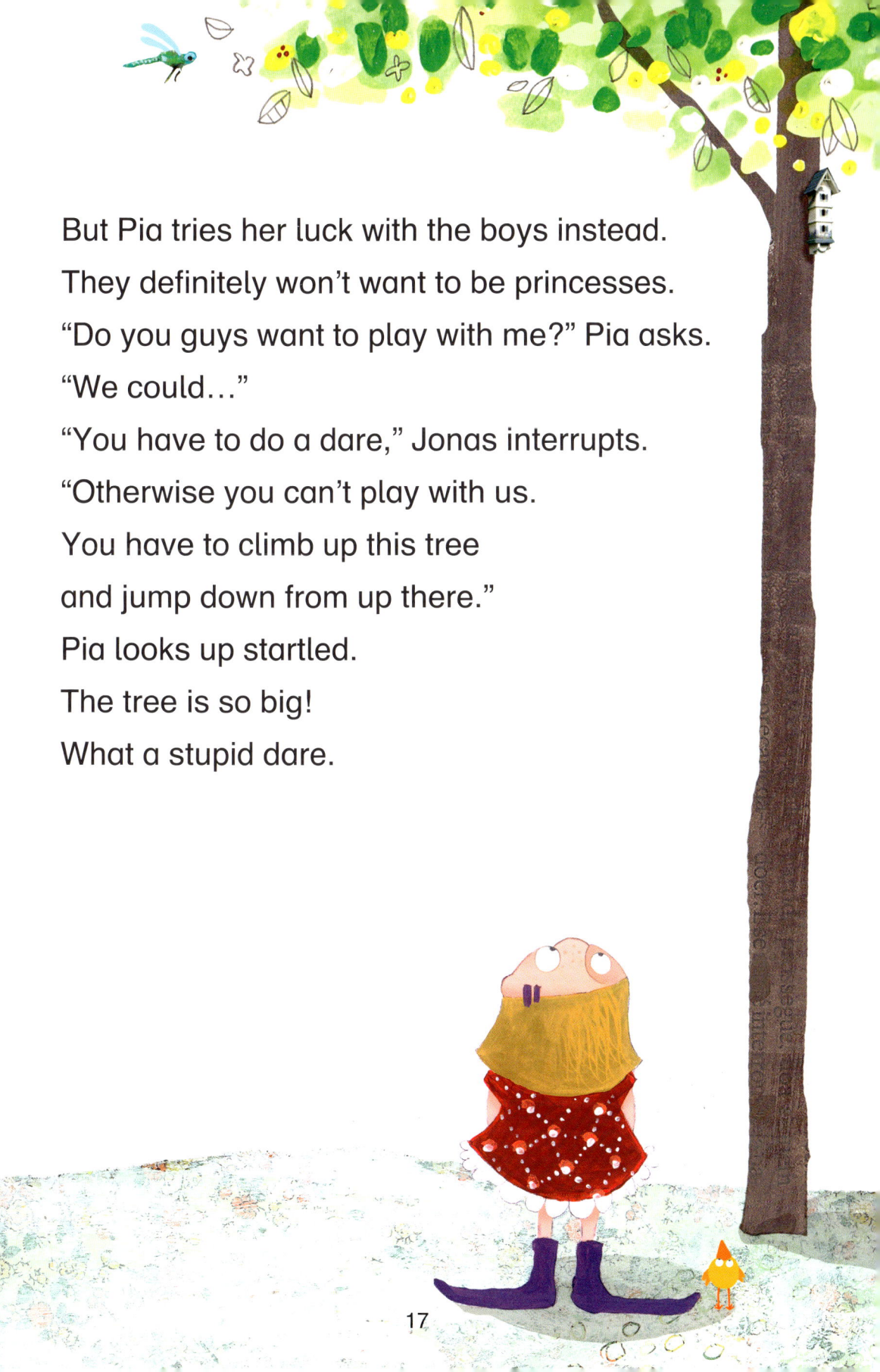

They definitely won't want to be princesses.

"Do you guys want to play with me?" Pia asks.

"We could…"

"You have to do a dare," Jonas interrupts.

"Otherwise you can't play with us.

You have to climb up this tree

and jump down from up there."

Pia looks up startled.

The tree is so big!

What a stupid dare.

„Nein danke", sagt sie
und geht weg.
„Du kannst auch
einen Regenwurm schlucken,
das zählt auch",
ruft Jonas ihr hinterher.
Aber Pia hat keine Lust.
Weder auf Regenwürmer,
noch auf hohe Bäume.

"No thanks," she says and walks away.
"You could swallow an earthworm instead.
That counts, too," yells Jonas.
But Pia isn't interested –
neither in earthworms,
nor in big trees.

Da geht sie lieber
zu den Zwillingen Anni und Bella.
Die winken ihr schon von weitem zu.
„Habt ihr Lust, mit mir zu spielen?", fragt Pia.
„Wir könnten …"

She'd rather go to the twins Annie and Bella.
They're already waving at her from afar.
"Do you two want to play with me?"
asks Pia. "We could…"

„Prima, dass du kommst",
unterbricht Bella sie.
„Wir spielen gerade Familie.
Und wir brauchen einen Vater.
Du kannst den Vater spielen,
Anni ist das Kind, und ich bin die Mutter."

"Great that you came over," interrupts Bella.
"We're playing house and we need a father.
You can be the father, Annie is the kid
and I'm the mother."

„Was muss ich da machen?",
fragt Pia vorsichtig.
Bella verdreht die Augen.
„Du gehst zur Arbeit.
Da – hinter den Busch.
Und abends kommst du wieder."
Pia stellt sich
hinter den Busch.
Aber das ist total langweilig.
Nichts passiert.
Anni und Bella
gucken nicht mal zu ihr hin!
Vielleicht sollte sie
lieber zu den Kindern
auf dem Sportplatz gehen?

"What do I have to do?" asks Pia carefully.

Bella rolls her eyes.

"You have to go to work.

Over there – behind the bush.

And in the evening you come home."

Pia stands behind the bush.

But it's totally boring. Nothing happens.

Annie and Bella don't even look at her!

Maybe she should go over to the kids on the ball court?

„Habt ihr Lust, mit mir zu spielen?", fragt Pia,
als sie näherkommt.
„Wir könnten …"
„Gut, wir brauchen noch jemanden",
unterbricht ein Mädchen sie.
„Dann machen wir das andere Team platt.
Wir spielen Viererball.
Du weißt doch, wie das geht?"
„Ich …", stottert Pia. Aber da kommt der Ball
schon angeflogen und knallt ihr an den Kopf.

"Do you guys want to play with me?"
asks Pia, as she gets close. "We could…"
"Yeah, we still need somebody,"
interrupts one of the girls.
"Then we can slaughter the other team.
We're playing dodge ball.
You know how to play, right?"
"I…," stammers Pia, but the ball is already
in flight and hits her right on the head.

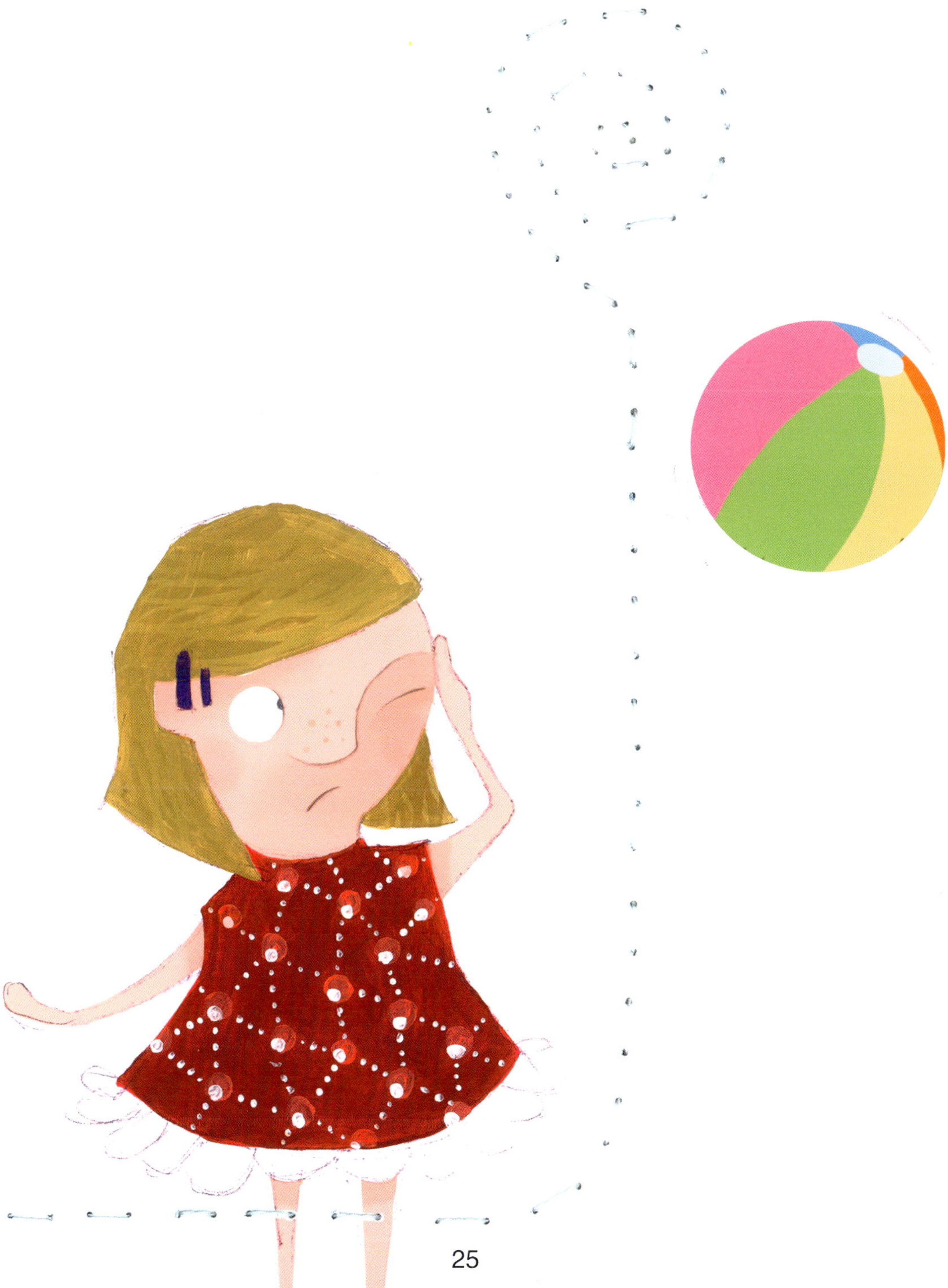

„Du musst ihn doch fangen",
schreit das Mädchen.
„Und dann zu mir werfen!"
„Was?", fragt Pia verwirrt.
Sie hat keine Ahnung,
wie das Spiel geht.

"You have to catch it,"
shouts the girl.
"And then toss it to me!"
"What?" asks Pia confused.
She has no idea
how to play the game.

„Aufpassen!", ruft jemand.
Ein Junge reißt ihr
den Ball aus der Hand.
Die anderen Kinder
rennen ihm hinterher.
Keiner dreht sich nach Pia um.

"Watch out!" someone yells.
A boy tears the ball
out of her hand.
The other kids run after him.
No one notices Pia.

Pia seufzt.
Die Pause ist bald um,
und sie hat immer noch
keine Freundin gefunden.
Traurig setzt sie sich
auf die Treppe.

Pia sighs.
Recess is almost over
and she still hasn't found a friend.
She sits down sadly on the stairs.

„Willst du mit mir spielen?",
fragt da plötzlich jemand.
Pia sieht hoch.
Da steht ein Mädchen
mit Pferdeschwanz und Sommersprossen.
Pia hat sie noch nie vorher gesehen.

"Do you want to play with me?"
someone suddenly asks.
Pia looks up.
A girl with a ponytail and freckles
is standing in front of her.
Pia has never seen her before.

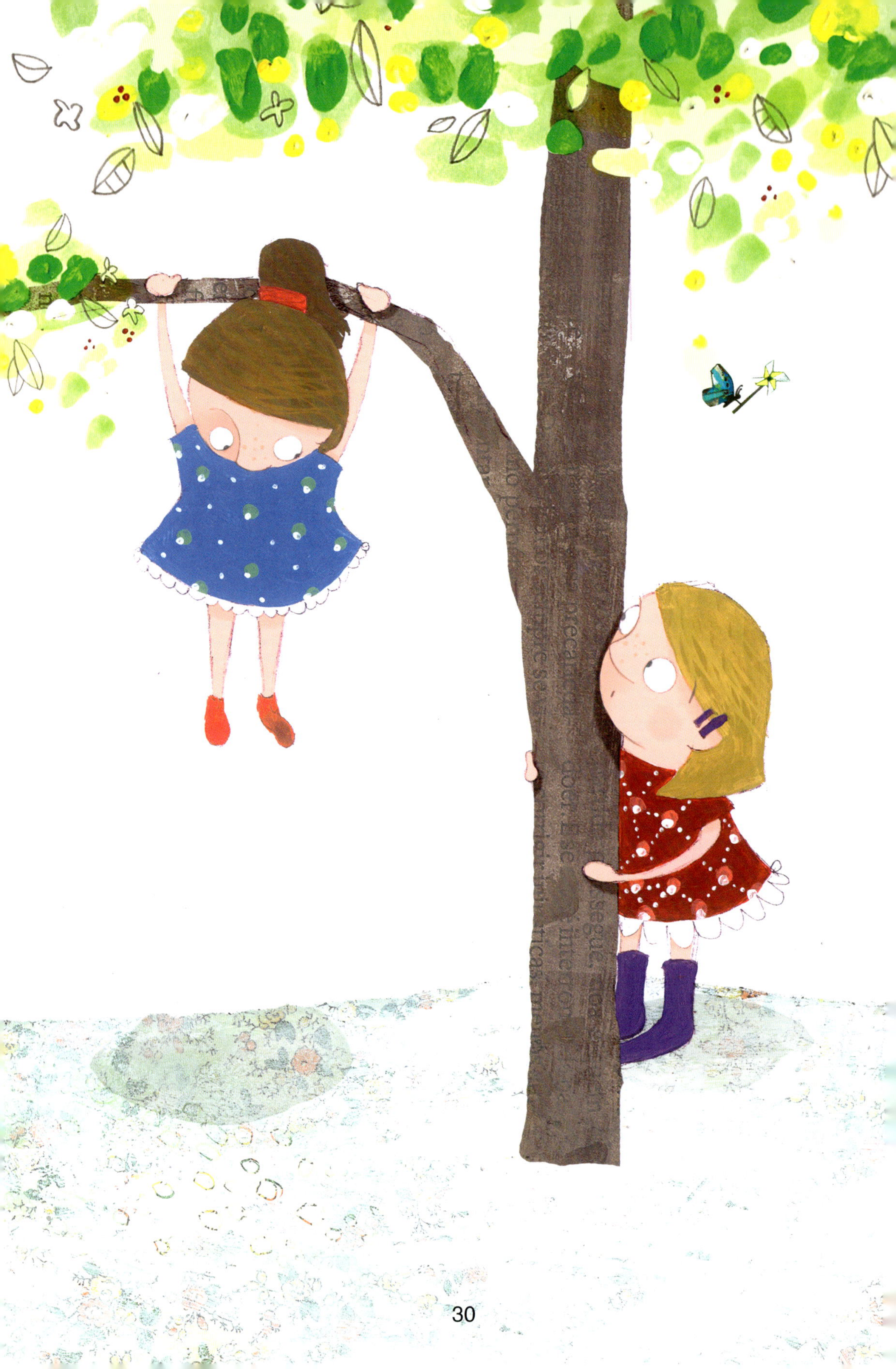

„Ich bin neu hier", sagt das Mädchen.
„Ich heiße Nele."
„Und ich Pia", antwortet Pia.
„Muss ich Blumen für dich pflücken?"
Nele schüttelt den Kopf.
„Oder Würmer schlucken
oder zur Arbeit hinter den Busch gehen?"
Nele kichert. „Natürlich nicht."
„Oder Viererball spielen?"
„Kenne ich nicht. Was möchtest *du* denn spielen?",
fragt Nele zurück.

"I'm new here," the girl says. "I'm Nellie."
"I'm Pia," answers Pia.
"Do I have to pick flowers for you?"
Nellie shakes her head.
"Or swallow worms
or go to work behind the bush?"
Nellie giggles. "Of course not."
"Or play dodge ball?"
"I don't know that game. What do *you* want to play?"
asks Nellie back.

„Wir könnten ..." Pia beugt sich vor
und flüstert Nele etwas ins Ohr.
„Oh ja, das klingt toll", sagt Nele.
Doch dann klingelt es leider.
Die Pause ist vorbei.
Aber das macht nichts,
denn Nele fragt: „Morgen dann?"
„Ja", freut sich Pia.
„Und übermorgen spielen wir dann,
was *du* willst."

"We could…" Pia leans forward
and whispers something into Nellie's ear.
"Oh, yeah, that sounds great," says Nellie.
But just then the bell rings.
Recess is over.
It doesn't matter, though,
because Nellie asks: "How about tomorrow?"
"Yes!" says Pia pleased.
"And the day after
we'll play whatever *you* want."

**Plötzlich ist Pia sich ganz sicher:
Sie hat eine richtige Freundin gefunden!**

And at that very moment,
Pia is completely sure:
she's found a real friend!

Leserätsel

Hast du die Geschichte genau gelesen? Dann kannst du sicher die folgenden Fragen beantworten. Setze den Buchstaben vor der richtigen Antwort in die unten stehenden Kästchen ein und du bekommst ein Lösungswort. Ein Tipp: es hat etwas mit dieser Geschichte zu tun!

Fragen zur Geschichte:

1. Was machen Timmy und sein Freund im Garten?
    - **F:** spielen
    - **D:** Hausaufgaben
    - **P:** Gartenarbeit

2. Was will Pia?
    - **E:** einen Hund
    - **R:** eine richtige Freundin
    - **A:** eine Limonade

3. Was will Rosi von Pia bekommen?
    - **B:** grüne Blätter
    - **E:** einen Blumenstrauß
    - **K:** ein Trampolin

4. Was für eine Mutprobe soll Pia bei den Jungs machen?
    - **E:** eine Ameise essen
    - **N:** mit einem Stock kämpfen
    - **U:** von einem hohen Ast springen

Lösungswort: FREUNDIN

5. Warum mag Pia nicht länger den Vater spielen?

   N: es ist langweilig
   T: es ist anstrengend
   M: der Busch piekt

6. Was spielen die Kinder am Sportplatz?

   G: Fußball
   P: Tennis
   D: Viererball

7. Warum sieht Pia Nele heute zum ersten Mal?

   I: Nele ist neu
   R: Nele versteckt sich immer
   H: Pia hat sie nie bemerkt

8. Was werden Pia und Nele morgen spielen?

   K: Viererball
   V: Prinzessin und Diener
   N: das wissen wir nicht

Lösungswort:

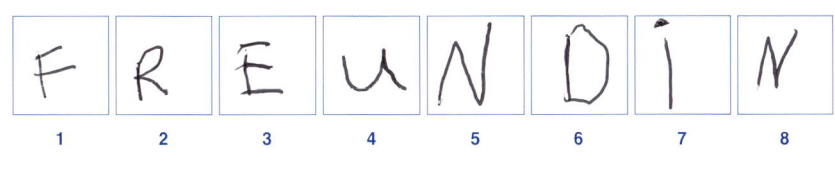

F	R	E	U	N	D	I	N
1	2	3	4	5	6	7	8

Word puzzle

Did you read the story carefully?
Then you can probably answer the following questions. Put the letter of the right answer into the boxes below and they will spell a word that has something to do with this story.

Questions:

1. What are Timmy and his friend doing in the yard?

    T: playing

    B: homework

    P: yard work

2. What does Pia want?

    A: a dog

    O: a real friend

    L: a soda pop

3. What does Rosie want Pia to give her?

    W: green leaves

    M: a bunch of flowers

    E: a trampoline

4. What kind of dare do the boys want Pia to do?

    S: eat an ant

    F: battle with a stick

    O: jump from a high branch

Answer: TOMORROW